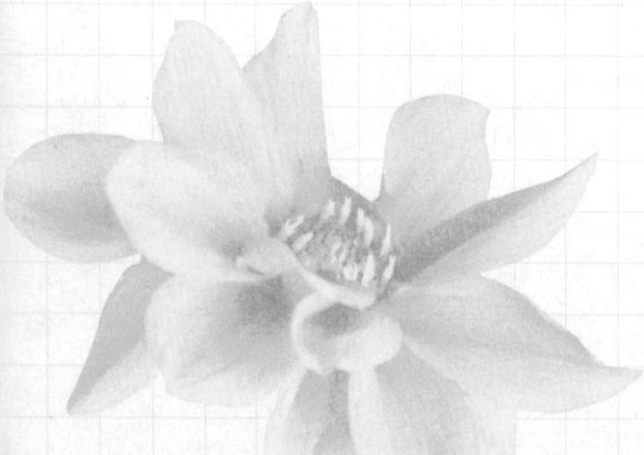

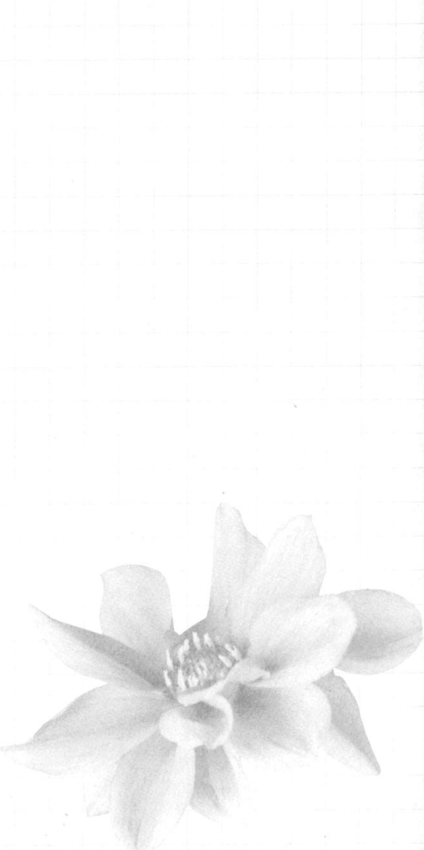

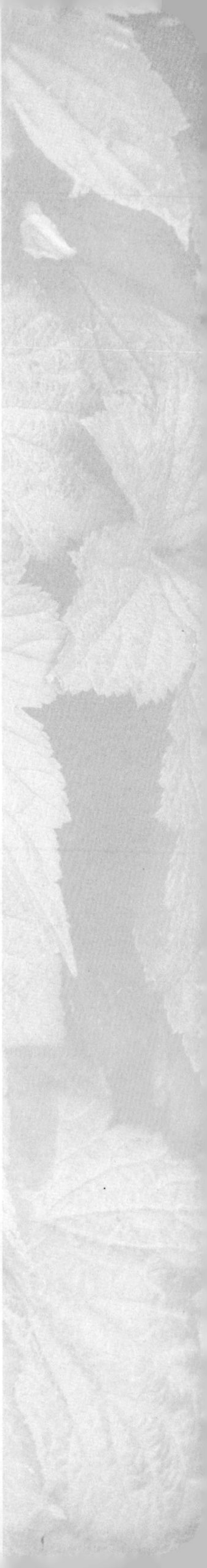

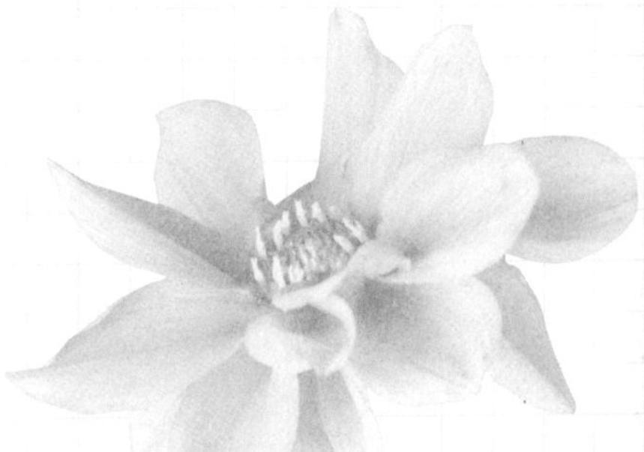

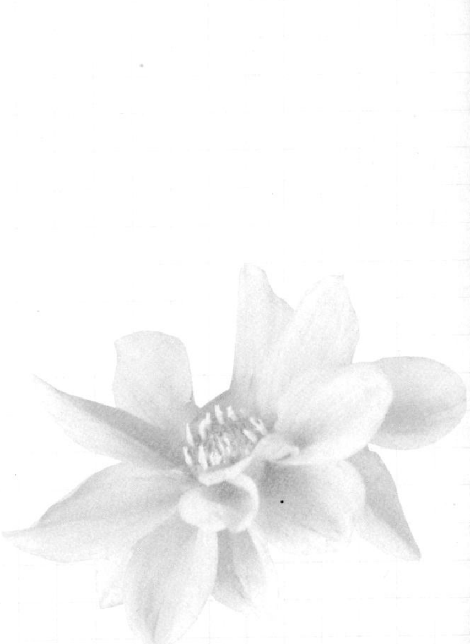

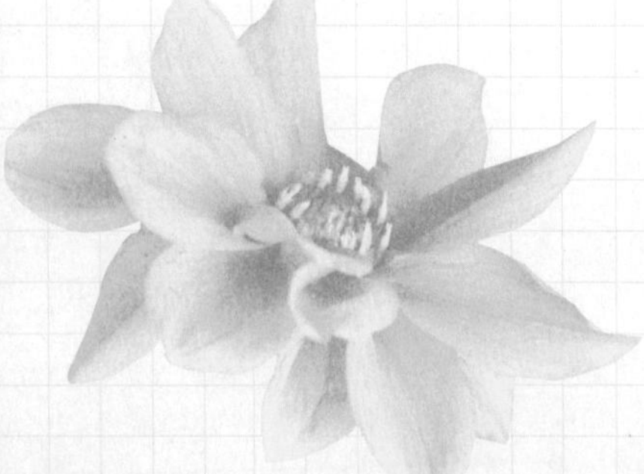

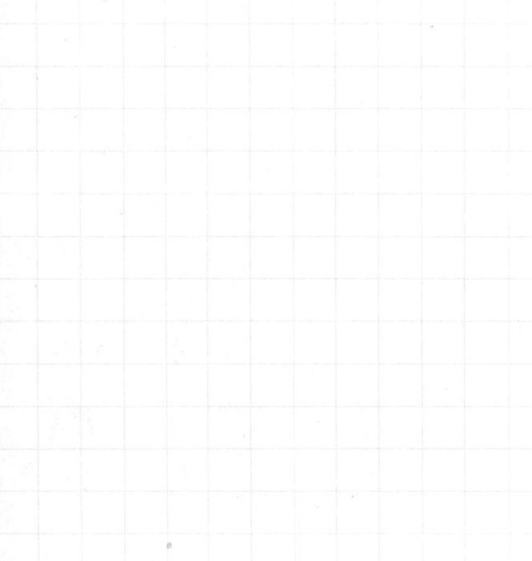

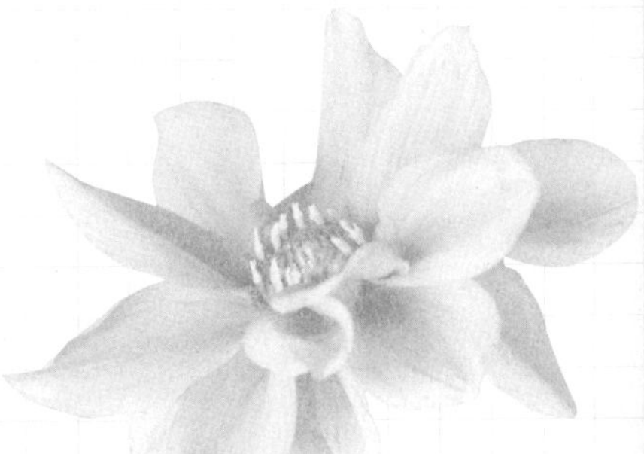

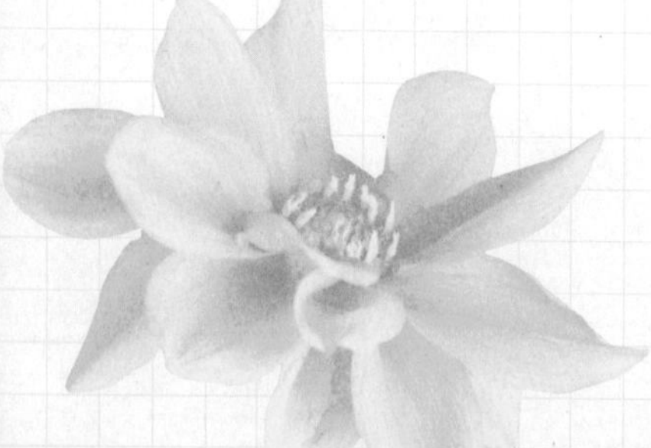

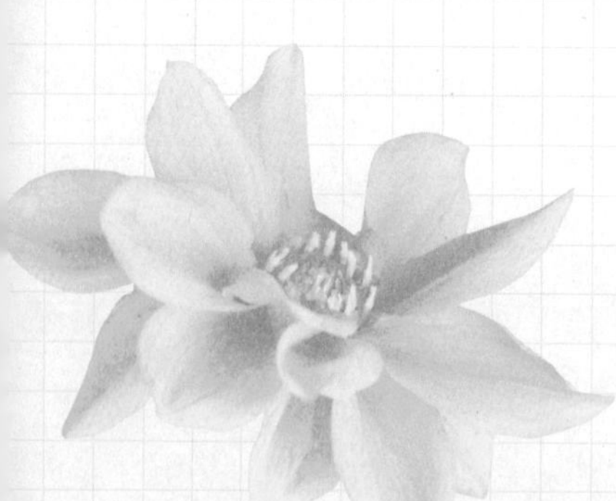